NOTICE SUR LES TROPHÉES DE GUERRE

PAR

J. LEDEUIL-D'ENQUIN

EX-VOLONTAIRE DE LA DÉFENSE NATIONALE

ANCIEN OFFICIER DE L'ARMÉE TERRITORIALE

MEMBRE DE SOCIÉTÉS SAVANTES

LIBRAIRIE MILITAIRE

Au Commandant Chabal

et aux héros du 57ᵉ régiment de ligne;

A Ricciotti Garibaldi

et à tous les braves de sa brigade;

A Curtat,

le vaillant chasseur du Mont-Blanc

Je dédie les récits glorieux qui suivent.

Jamais l'Allemand n'a pardonné l'occupation française de Berlin, en 1806, après la bataille d'Iéna.

Ni l'occupation de Paris par les alliés le 7 juillet 1815, en vertu d'une convention militaire, n'a apaisé leur haine ; ni leur entrée le 29 janvier 1871, dans les forts de Paris, n'a amené une trève.

Le refrain populaire et haineux de la Revanche allemande, du commencement de ce siècle, n'a cessé de sonner...

On le traduit ainsi :

Les Français nous ont pris notre argent, mais nous le reprendrons...

Patience !... Patience !... Patience !...

Tous ceux qui ont vu l'invasion, il y a vingt ans, ont entendu cette sonnerie hurlante, aux trois notes prolongées et lugubres, que les trompettes allemandes jetaient avec rage sur nos places, à l'heure du couvre-feu !

Souvenons-nous, aussi !...

Comment on prend un Drapeau!
Quantité et qualité

Durant la sanglante guerre franco-allemande, nous avons valeureusement pris, les armes à la main, dans des combats héroïques, deux drapeaux allemands.

Le premier, celui du 16ᵉ régiment d'infanterie prussienne, fut arraché, en pleine action, à Rezonville, le 16 août 1870, par un courageux sous lieutenant du 57ᵉ de ligne, M. Chabal, aujourd'hui chef d'escadron de gendarmerie à Chambéry.

Le second, celui du 61ᵉ régiment des grenadiers poméraniens, fut pris aux mains d'un blessé, à la fin d'une chaude journée, le 22 janvier 1871, sous le feu ennemi, par un simple franc-tireur des chasseurs du Mont-Blanc nommé Curtat.

Les Allemands peuvent-ils montrer de tels trophées?... Non. Ils n'ont que des tombereaux de hampes ramassées par des manœuvres, le lendemain des capitulations de Sedan ou de Metz. Lors de cette dernière, 52 drapeaux furent livrés à l'ennemi, dans un fourgon : les Allemands n'eurent même pas la peine de les ramasser. Généralement, ce n'était plus que des hampes dénudées, les officiers français ayant eu soin de se partager les flammes avant de se séparer de l'emblème sacré (1).

Il n'y a pas de héros pour de telles prises. Mais le drapeau, dans le sens propre, ses couleurs, emblèmes sacrés de la Patrie, ne tombent au pouvoir de l'ennemi qu'au prix de la mort de celui qui le tient et de ceux qui le défendent.

Les lois militaires, on le sait, prescrivent à tout soldat de ne jamais abandonner son drapeau; elles ordonnent à tous d'y rester obstinément attaché dans toutes les circonstances et de le défendre, s'il est nécessaire, jusqu'à la dernière goutte de son sang.

(1) Pendant le procès Bazaine, on a vu de braves officiers venir, la honte au front, témoigner des humiliations qu'ils avaient essuyées, alors que toute l'armée pouvait sortir de Metz. Et, tout le monde a lu la relation du brave général Lapasset faisant brûler les drapeaux de sa brigade plutôt que de les rendre. (28 octobre 1870).

Le drapeau du 16ᵉ a été arraché, on le verra plus loin, aux mains d'un blessé dans des conditions de courage. Celui du 61ᵉ a été pris avec bravoure aux mains d'un mourant qu'un monceau de blessés et de morts entouraient.

.·.

Cela s'appelle-t-il prendre un drapeau?

La question a été vivement controversée. Il n'y a pas que les Allemands qui soutiennent ou essaient de soutenir que ce n'est pas de cette manière-là qu'on prend un drapeau. Il y a aussi, hélas! un très grand nombre de Français; il y a même, le croirait-on? beaucoup de militaires, comme si chacun d'eux ne savait pas qu'il est matériellement impossible d'arriver au drapeau d'un régiment qui entre ou va entrer en action! La lutte qui s'engage entre deux troupes n'a pas le drapeau de l'une ou de l'autre pour objectif. Chacune d'elles tient tout d'abord à demeurer maîtresse du terrain; celle qui reste victorieuse cueille en chemin les trophées qu'on lui dispute, la troupe vaincue les dissimule ou les défend. C'est ainsi qu'après l'action l'un des belligérants, souvent les deux, ont pu s'emparer de canons, de prisonniers, de drapeaux! Comment peuvent se constater ces prises? Par l'énumération. Quels en sont les auteurs? En général, tous ceux qui ont combattu; en particulier, ceux qui les rapportent. Ces derniers ont-ils plus de mérite que les autres? Là est toute la question. Les militaires, quand ce n'est point eux, penchent pour la négative; les civils, qui n'entrent pas dans les circonstances du combat et dont le patriotisme s'éveille surtout par la vue de l'objet pris à l'ennemi, en accordent volontiers toute la gloire au capteur. La vérité est que ce dernier, souvent, a été plus heureux que les autres. Il a fallu, toutefois, qu'il fût au premier rang, condition indispensable qui lui appartient toute, qui est due à sa vigueur, à son tempérament, à sa bravoure.

Voilà pourquoi la prise d'un drapeau est une action d'éclat digne en tous points de la récompense dont elle est l'objet.

Quant aux trophées victorieusement rapportés par ceux qui les ont ravis au prix de leur vie, ils sont déposés dans des édifices destinés à recevoir ces gages de gloire et de vaillance.

C'est sur ce point que nous consacrerons un article avant de parler des prises héroïques des drapeaux des 16e et 61e; car, tandis que le drapeau du 16e a été, dès 1872, accroché aux voûtes de l'église des Invalides, celui du 61e a manqué à l'appel jusqu'en 1889, époque à laquelle on le trouva au *Musée d'artillerie* sans savoir comment il y était venu.

Quelques mots sur les traditions et usages adoptés permettront de contredire avec clarté certaines appréciations erronées qui ont été émises au sujet des drapeaux du *Musée d'artillerie*.

Le dépôt sacré des Drapeaux conquis

En France, sous l'ancienne monarchie, les drapeaux enlevés à l'ennemi étaient placés à Notre-Dame de Paris; c'est ce qui valu au maréchal de Luxembourg le surnom de « Tapissier de Notre-Dame. »

En 1792, un décret daté du 7 octobre ordonna que les drapeaux pris à l'ennemi seraient suspendus à la voûte du lieu des séances de la Convention. Ce décret fut rendu à l'occasion de l'envoi de cinq drapeaux par le général Custine.

Puis, à la fermeture des églises, en 1793, on transporta aux Invalides les drapeaux trouvés à Notre-Dame.

Sous le Directoire, c'est au Luxembourg que furent déposés les drapeaux conquis par l'armée d'Italie et par l'armée du Rhin et que présentèrent Augereau, Masséna (20 floréal an V), Serrurier (11 messidor an V.)

Sous le Consulat et sous l'Empire, les trophées conquis par nos armées étaient envoyés par l'Empereur au Tribunat (8 drapeaux autrichiens); à l'Hôtel de Ville de Paris (8 drapeaux enlevés par la cavalerie de Murat); au Sénat (40 drapeaux autrichiens et russes); à l'archevêque de Paris, pour Notre-Dame (50 drapeaux enlevés à la bataille d'Austerlitz); au Corps Législatif (7 drapeaux et un étendard pris à Austerlitz, 10 drapeaux enlevés à la conquête de Naples, puis 92 drapeaux provenant de la guerre d'Espagne).

De plus, il arrivait souvent que Napoléon Ier, pour honorer ses maréchaux ou d'autres personnages de haute distinction, leur faisait cadeau d'un trophée de drapeaux. A diverses époques et successivement, il est revenu à l'Hôtel des Invalides un grand nombre de drapeaux dont l'Empereur avait disposé.

Les trophées du Corps Législatif, au nombre de 110, ornèrent la salle des séances jusqu'en 1815. A la seconde restauration, des officiers prussiens pénétrèrent dans la Chambre des Députés pour les enlever ; mais, grâce au zèle et au dévouement d'un employé nommé Mathieu, une partie en fut conservée. D'après la dernière notice, il reste encore dans la salle des conférences de l'Assemblée nationale 58 drapeaux et étendards.

Ceux du Sénat ont été remis aux Invalides. C'est en 1831 qu'ils ont figuré pour la dernière fois au Sénat. Le 25 juillet de cette année-là, le vieux courtisan Semonville faisait pavoiser la salle des séances de la Chambre des Pairs, des 40 drapeaux autrichiens envoyés en 1805 ; il ménageait ainsi au jeune duc d'Orléans l'occasion d'une allocution belliqueuse et populaire.

Quant aux 50 drapeaux russes et autrichiens donnés à Notre-Dame, ils ont disparu des voûtes de la cathédrale, la veille de l'entrée des alliés à Paris, et depuis ce jour, on n'en a jamais retrouvé trace. Lorsque l'autorité militaire les fit rechercher, beaucoup de temps s'était écoulé, et l'on n'a jamais pu savoir ce qu'on en avait fait. Ils n'ont point été brûlés, mais cachés.

.˙.

Napoléon avait, en 1806, eu l'idée de créer un monument qui devait être le dépôt de tous les trophées de guerre. Il rendit à ce sujet un décret daté de Posen, 2 décembre 1806, par lequel il établissait un Panthéon militaire. Ce monument, terminé en 1828, devint l'église de la Madeleine. Il n'entrait donc pas dans les idées de l'Empereur de faire de l'église des Invalides, le dépôt de ses trophées.

Le 30 mars 1814, le général Serrurier, gouverneur de l'Hôtel des Invalides, faisait réunir tous les drapeaux décorant la nef de l'église et conquis sur les Russes, les Autrichiens, les Prussiens et les autres ennemis de la France, et les fit brûler pour les empêcher de tomber aux mains des alliés. On évalue le nombre des drapeaux livrés aux flammes à 1.600.

Après cette destruction, l'*Inventaire* nous apprend que les premiers drapeaux qui furent envoyés à l'Hôtel des Invalides sont trois drapeaux enlevés au château de Morée en 1829.

En 1851, à la cérémonie des funérailles du maréchal Sébastiani, au moment où le corps était déposé sur le catafalque, un mouvement d'oscillation fit tomber une bougie qui mit le feu à la tenture de l'autel. Les flammes se communiquèrent aux drapeaux conquis en Espagne, en Morée et en Afrique, et qui remplaçaient les anciens ; sur 234, on ne parvint à en sauver qu'une cinquantaine.

Actuellement, l'Hôtel des Invalides possède 357 drapeaux. C'est le seul monument destiné à cet usage, et le dernier dépôt effectué et inventorié est un pavillon chinois enlevé par les marins de l'amiral Courbet à l'*aviso Fou-pou*, pris à l'abordage en 1884.

Comment s'effectue le dépôt d'un Drapeau

Il n'existe ni loi ni décret prescrivant le dépôt des drapeaux conquis à l'Hôtel des Invalides, mais, comme on l'a vu, la même règle est toujours suivie. Les derniers trophées du Tonkin en témoignent.

Il n'y a donc pas de confusion à établir avec le Musée d'artillerie qui reçoit généralement des drapeaux, étendards et bannières hors de service. Il peut se faire que le Musée d'artillerie ait des drapeaux pris à l'ennemi, en ce sens que des familles, au moment de liquider une succession, peuvent envoyer, avant partage, au gouvernement, les drapeaux qu'ils trouvent dans cette succession. Dans ce cas l'origine de ces drapeaux n'est constatée par aucun procès-verbal.

Bien au contraire, les drapeaux déposés à l'Hôtel des Invalides sont l'objet d'un procès-verbal qui ne permet point de mettre en doute leur authenticité.

Or, des deux drapeaux pris pendant la guerre 1870-71, un seul, le drapeau du 16e régiment d'infanterie prussienne, a son histoire nette et franche, ainsi qu'on le verra plus loin.

L'autre, celui du 61e régiment de grenadiers poméraniens a un historique des plus nébuleux. Perdu depuis Bordeaux, en 1871, on a cru le retrouver en 1889 au Musée d'artillerie, où il se trouvait, *comme par hasard*, depuis 1884, avec cette rubrique timide : « *Drapeau d'infanterie prussienne.* »

A-t-on pu faire un tel cas de nos gloires, et pourquoi pendant nombre d'années cette modestie mortifiante ? Nous ne pouvons admettre que le drapeau arraché si glorieusement à Dijon par la brigade Ricciotti ait été oublié si piteusement dans un coin du Musée d'artillerie. Le général Campenon serait, prétend-on, le ministre de la guerre qui aurait donné un tel ordre d'enterrement. Cela n'est point admissible et c'est pourquoi jamais nous ne croirons que le drapeau du 61e poméranien, que M. Dormoy a fait placer aux Invalides, soit le glorieux trophée de Dijon.

PRISE DU DRAPEAU

DU 16ᵉ RÉG. D'INFANTERIE PRUSSIENNE

La bataille de Rezonville [1]

Le 16 août 1870, à 9 heures 1/2 du matin, les Prussiens, sortant du bois des Ognons et des ravins de Gorze, attaquent à l'improviste les 2e et 6e corps campés en avant de Rezonville.

Le 2e corps soutient les premiers efforts de l'ennemi; mais, le général Bataille ayant été blessé contre la ferme de Flavigny, nos troupes reculent en désordre, quand les cuirassiers de la garde se sacrifient pour arrêter les assaillants et donnent le temps à la division des grenadiers d'accourir.

L'action se prolonge sur la droite, en avant de Saint-Marcel, où se tient le 6e corps.

Une grande batterie française, établie en travers de la voie romaine, décime cruellement les Allemands, lesquels, pour éteindre son tir, lancent sur elle la brigade de cuirassiers et de uhlans du général von Bredom.

Cette charge terrible, que les Allemands appelèrent la *chevauchée de la mort*, réussit, notre batterie est sabrée, le 93e de ligne enfoncé, son drapeau enlevé, quand la division de cavalerie de Fortin s'élance à son tour, anéantit la brigade von Bredom et reprend le drapeau du 93e qui est enlevé par le chasseur à cheval Mangin, du 5e régiment.

Au même instant, le 4e corps entre en action sur la droite: la division de Cissey anéantit dans le ravin de Greyères une brigade ennemie; *le drapeau de l'un de ces régiments est pris par le sous-lieutenant Chabal, du 57e de ligne.*

Afin d'arrêter le désordre sur ce point, les Allemands lancent en avant la brigade des dragons de la Garde royale, mais cette brillante cavalerie est anéantie par les feux de salve de notre infanterie.

De notre côté, les pertes sont cruelles: les généraux de Charguenat et Brayer sont tués.

Ce dernier, avant de rendre le dernier soupir, se fait

apporter le drapeau du 1er régiment de ligne et meurt en pressant sur ses lèvres la soie tricolore lacérée par les balles ennemies.

En même temps, un formidable combat de cavalerie s'engage à notre extrême droite, sur le plateau d'Yron. Le 2e régiment de chasseurs d'Afrique, entraîné par le général du Barail, charge le premier et sabre une batterie ennemie. Les lanciers de la garde anéantissent les dragons d'Oldenbourg. Mais le général Legrand est lâchement assassiné par les Allemands, le général de Montaigu est blessé et fait prisonnier.

La nuit arrive ; sur tous les points, les Allemands sont refoulés, nos troupes restent maîtresses de leurs positions-

Le prince Frédéric-Charles lance plusieurs régiments de cavalerie sur nos troupes, mais ces escadrons sont écrasés par l'infanterie du 6e corps et de la division Deligny des voltigeurs de la garde.

Dans cette journée mémorable, nos pertes s'élevèrent à 6 généraux, 831 officiers et 16,117 sous-officiers et soldats tués, blessés ou disparus.

Les Allemands, de leur côté, accusèrent une perte de 2 généraux et de 11 colonels tués et de 16,447 hommes mis hors de combat.

Le sous-lieutenant Chabal et la prise du drapeau du 16e d'Infanterie prussienne

Le 16 août 1870, à la bataille de Rezonville, M. Chabal était sous-lieutenant, officier-payeur du 57e régiment de ligne. Cet emploi permettait à cet officier de combattre ou de se retirer. En combattant, son rôle d'officier sans troupe lui donnait une liberté d'allure bien plus grande. Ces considérations, qui ont fait de M. Chabal le héros de la prise qui nous occupe, amenèrent à la fin de la journée, après l'affaire, une certaine agitation parmi les officiers du 57e. Les uns prétendirent que la place de l'officier-payeur n'était pas aux batailles parce que sa liberté d'action au milieu du danger n'avait aucun but réel, sinon de priver les autres de la gloire qu'ils pouvaient acquérir. Ce sentiment s'explique chez les braves officiers du 57e qui, ayant fait tout leur devoir, auraient voulu faire plus encore et, comme ils étaient liés par la discipline, qui plus ou moins les retenait dans les rangs, ils jalousèrent quelque peu la liberté d'allure d'un des leurs dans une telle circonstance. Cette petite digression montre assez combien est enviable la prise d'un drapeau ! Mais passons au récit.

Tout d'abord, le sous-lieutenant Chabal, non armé, était couché, comme tout le régiment, à l'abri derrière un sac. L'impatience était grande, on sentait venir l'ennemi, et ordre était donné de rester immobile. En avant des nôtres. deux batteries françaises répondaient de leur mieux aux coups tirés par l'adversaire, coups dont le 57e recevait les éclats. Le régiment était formé en bataille, par bataillon en masse, présentant aux coups de l'ennemi une assez grande surface pour que presque tous ses coups portassent. De temps à autre un sifflement de balles venait mêler son bruit strident aux coups sourds du canon et des éclats d'obus. On resta une bonne demi-heure dans cette pénible situation, recevant de ci de là quelques horions qui en étendaient quelques-uns. Enfin, n'y tenant plus, le régiment se lève sans ordre, et crie : *En avant !* Les cris se mêlent, se confondent. On n'est pas parti qu'on ne sait déjà plus à qui obéir. Tel capitaine pousse sa compagnie en avant, tel autre arrête la sienne et la maintient. Le régiment est sans direction. Le sous-lieutenant Chabal s'empare du fusil d'un homme tué et de ses cartouches, dont il emplit ses poches, et part à son tour. L'artillerie qui était en avant, ayant épuisé ses munitions, se retire ; d'ailleurs l'ennemi était sur elle, les pièces allaient être enlevées. Il était temps : les Prussiens étaient sur les nôtres, on les avait à 30 mètres ; ils escaladaient, en ligne de tirailleurs assez compacte, la rampe d'un ravin. Tous leurs coups portaient, ils tiraient sur la masse. De notre côté, les hommes seuls qui étaient en avant pouvaient faire feu. Que de victimes ! C'est là que périrent une grande partie des nôtres : le général Brayer, le chef de bataillon Deville-Chabrol, etc., etc. Mais l'avalanche domine son mouvement, elle tombe sur la faible ligne d'ennemis et la disperse ; les régiments français gagnent ainsi le fond du ravin, renversant tout sur leur passage, brisant les lignes qu'on essaie de leur opposer en les chassant devant eux. Le désordre est grand, chacun obéit à sa conscience et cherche où est le devoir. Les renforts, les soutiens, les réserves de l'ennemi lâchent pied, s'enfuient ou se font prendre ; les plus audacieux les poursuivent. Des milliers de Français gravissent en courant la pente opposée du ravin pour apaiser les feux qui venaient de la crête. Le sous-lieutenant Chabal court dans cette direction ; au sommet, un colonel prussien à cheval cherchait à rallier ses troupes, mille canons s'abaissent sur lui et l'abattent. La fusillade est très meurtrière, elle vient de toutes parts, on n'évite ses coups qu'en marchant baissé. L'irruption est telle sur le plateau qu'il n'y reste bientôt plus que des troupes en fuite ou disposées à se rendre. Les Prussiens s'éparpillent et laissent dans nos mains mille trophées divers.

En avant du sous-lieutenant Chabal, à quelques mètres, un Prussien *portait déployé* le drapeau de son régiment. Marchant courbé, il le dissimulait. Un projectile l'atteint et le renverse. En deux enjambées le sous-lieutenant est sur lui, lui arrache le drapeau des mains et s'en empare. Comme le Prussien résistait, il lui met le pied sur le ventre, brise la hampe sur le blessé et laisse le bout dans ses mains. Les défenseurs du drapeau n'étaient plus !... Comment d'ailleurs auraient ils résisté aux vainqueurs, très nombreux sur ce point ? La mêlée était telle, et il y avait à ce moment de la lutte si peu d'ardeur chez ces malheureux Prussiens, qui avaient fait 70 kilomètres dans la journée et qui s'étaient battus plus d'une heure, qu'ils se rendaient aux nôtres en toute confiance. On voyait, spectacle incroyable, les antagonistes changer de coiffure et s'en aller ensemble. Le sous-lieutenant Chabal avait lui-même deux prisonniers dont il ne prit pas les armes, et, fait plus singulier encore, ce fut l'un d'eux, un grand Wurtembergeois, qu'il chargea de porter le drapeau.

Rappelés en arrière par les sonneries et par les chefs, le champ de bataille resta à l'ennemi, qui retrouva dans les mains du porte-drapeau un morceau de la hampe rompue.

En avant, des réserves d'infanterie prussienne se mouvaient dans les bois. En arrière, la brigade des dragons de la garde se préparait à charger. On sait comment elle fut reçue. Puis la bataille cessa, les Français remirent un peu d'ordre dans leurs lignes, les Prussiens se tâtèrent, puis le tapage recommença, plus infernal encore; toute l'artillerie de l'armée tonnait, répondant à celle de l'ennemi. C'est à ce moment qu'avait lieu à notre droite, à trois cents mètres du lieutenant Chabal, cette formidable lutte de cavalerie où périt le général de division Legrand. Du côté du 57ᵉ, il n'y eut que du bruit, l'infanterie prussienne n'attaqua pas et la nuit vint.

Voilà comment le brave sous-lieutenant Chabal a pris le drapeau du 16ᵉ.

Le *Journal militaire officiel de Berlin*, page 5, collection de 1873, s'exprime ainsi : « La partie manquante du « drapeau a été remise à la *hampe* du 2ᵉ bataillon du 3ᵉ régi- « ment wesphalien, nᵒ 16, avec un anneau en argent qui « porte l'inscription suivante : *le 16 août 1870, mouru-* « *rent de la mort de héros, ce drapeau à la main, le* « *capitaine de Schotten, le lieutenant Heidsieck et le* « *sous-officier Frœhlig.* »

En l'honneur de cette prise, le drapeau du 57ᵉ de ligne porte la croix d'honneur. Quant au sous-lieutenant Chabal, proposé 2 fois en 1870, en 1871, en 1874-1875-1876-1877-1878, mais inutilement, il a été enfin nommé chevalier de la Légion d'honneur le 4 mars 1879, à la suite d'une campagne entreprise par *La France* et la presse parisienne.

Vicissitudes du Drapeau. — Son dépôt

Le drapeau du 16ᵉ d'infanterie prussienne fut remis au colonel du 57ᵉ. Il était ainsi : « Une hampe en bois brun « surmontée d'une lance assise sur un cartouche portant

« d'une part le nᵒ du régiment arraché avant qu'il soit dans
« les mains du sous-lieutenant, d'autre part, les lettres enla-
« cées FWR. »

« Une flamme noire en soie, toute mutilée, en lambeaux,
« entourée de franges en argent fort déchiquetées. Des cra-
« vates, en soie verte, les unes larges, bordées d'argent,
« soutenant deux gros glands également en argent ; parmi
« les glands deux avaient presque entièrement disparu,
« deux avaient été atteints par nos projectiles. »

Ce drapeau passa des mains du colonel du 57ᵉ, au général
de Cissey, commandant la division, puis fut remis par ce
dernier au maréchal Bazaine, commandant en chef ; il resta
plus d'un mois exposé à Metz, sur l'esplanade. Déposé
ensuite chez le général Coffinières de Nordeck, gouverneur
de la place, ses officiers d'état-major et son capitaine d'escorte, au moment de la reddition de la place, jugèrent pru-
dent d'en brûler la hampe et de se partager la flamme, les
franges et les glands. Le reste du drapeau, comprenant la
lance, les cravates et deux glands sur six, fut rendu à
Bazaine, qui le remit officiellement, en 1872, au ministre
de la guerre, alors général de Cissey. Ce dernier en ordonna
le dépôt aux Invalides et l'on peut voir encore aujourd'hui
ce trophée reconstitué dans la chapelle de l'hôtel. Il porte
le nᵒ 343 sur le catalogue et le nᵒ 4 *bis*, côté ouest, dans la
nef.

Voici *in-extenso* le procès-verbal constatant le dépôt du
drapeau à l'Hôtel des Invalides :

« *Hôtel national des Invalides.* »

« L'an mil huit cent soixante-douze, le quatre mai,

« Nous, Parmentier (Léonce), sous-intendant militaire de
1ʳᵉ classe, chargé de la police administrative de l'Hôtel des
Invalides,

« Ayant reçu de M. le Gouverneur l'invitation de constater
le dépôt d'un étendard allemand pris à la bataille de Rezonville, le 16 août 1870, et qui lui a été envoyé par M. le
Ministre de la guerre, le 2 mai 1872,

« Avons constaté que ce trophée se compose :

« 1ᵒ D'un fer de lance à jour en cuivre doré de 0 mètre 23

de hauteur, au milieu se trouve le monogramme FWR surmonté d'une couronne avec globe et croix ;

« 2° De deux cravates, l'une de couleur olivâtre, bordée des deux côtés d'un liseré noir avec deux têtes de glands en mauvais état, cette cravate de 0 mètre 75 de longueur et 0 mètre 03 1/2 de largeur.

« Et l'autre de couleur noire, ayant de chaque côté un liseré blanc et orange avec deux glands en argent mêlés de noir, à chacune des extrémités, il se trouve deux épées croisées en cuivre doré; cette cravate a 1 mètre 40 de longueur et 0 mètre 04 de largeur.

« La flamme de cet étendard manque complètement ainsi que la hampe.

« De tout ce que dessus, nous avons dressé le présent procès-verbal qui a été signé avec nous après lecture.

« Le colonel bibliothécaire archiviste,

« Signé : DE GRAVILLON.

« L'intendant militaire,

« Signé : PARMENTIER. »

Plusieurs années après, un nouveau procès-verbal fut dressé pour perpétuer le nom du héros en l'inscrivant au registre et en même temps on établit qu'il s'agit, non d'un étendard, mais du drapeau du 16° :

« Hôtel des Invalides

« Le 29 novembre mil huit cent quatre-vingt-sept,

« Nous, Termonia, sous-intendant militaire de première classe , chargé de la police administrative de l'hôtel des Invalides, ayant reçu de M. le Général commandant l'hôtel national des Invalides communication d'une dépêche ministérielle en date du 21 novembre 1887, disposant que M. le capitaine Chabal est autorisé à inscrire son nom sur le procès-verbal constatant le dépôt d'un étendard allemand pris à la bataille de Rezonville, le 16 août 1870, avons consigné cette disposition au présent procès-verbal.

« Invité, en outre, par M. le général sus-qualifié à examiner la mention portant désignation du trophée sur le procès-verbal, d'une part, en date du 4 mai 1872, avons constaté et certifions que ce trophée n'est point un *étendard* mais le *drapeau du 16ᵉ régiment d'infanterie prussienne*.

« De tout ce que dessus, avons dressé le présent procès-verbal qui a été signé avec nous après lecture, par M. le général, conservateur des trophées dudit hôtel, les jour, mois et an que dessus.

« *Le général commandant l'hôtel,*
et conservateur des trophées,

« Signé : SUMPT.

« *Le sous-intendant militaire de première classe,*

« Signé : TERMONIA. »

PRISE DU DRAPEAU

DU 61ᵉ RÉG. D'INFANTERIE PRUSSIENNE

Prise du drapeau du 61ᵉ Régiment d'infanterie prussienne

Le 23 janvier, l'armée des Vosges tenait, depuis deux jours les Prussiens en échec devant Dijon. Le vieux général Garibaldi, avec ses brigades aux vareuses éclatantes, semait la terreur parmi nos lourds vainqueurs. Les *chemises rouges* donnaient du fil à retordre, comme l'on disait, à ces immenses troupeaux de casques à pointes, toujours sur le qui-vive, surpris et harcelés qu'ils étaient à tous moments dans cette Côte-d'Or où les combats d'escarmouches les tenaient inquiets devant des champs de vignes, hérissés de paisseaux et de baïonnettes intrépides. Cette vaillante armée était complétée par des compagnies franches, aux costumes variés et bizarres, armés de fusils de tous systèmes et de tous calibres.

Ce jour-là, l'action se trouvait portée sur la route de Langres. Les Allemands, après avoir contourné Fontaine et Talant, refoulaient successivement nos avant-postes sur la route de Langres, jusqu'à la ferme de Pouilly où un combat sanglant s'était engagé.

Vers onze heures et demie, le 2ᵉ bataillon de la 4ᵉ légion de Saône-et-Loire, armé depuis deux jours du fusil Remington, avait fait, en arrivant sur la ligne de tirailleurs, une fusillade si vive et si nourrie que les poursuivants avaient été arrêtés. On avait profité de ce temps d'arrêt pour ral lier celles de nos troupes qui pliaient ; se joignant au bataillon de la 4ᵉ légion, elles avaient fait à leur tour reculer les assaillants jusque bien au-delà du parc de Pouilly.

Mais, vers deux heures, le général Pélissier, qui se trouvait à la tête des légions de Saône-et-Loire, sur la place Saint-Nicolas, recevait par estafette la note suivante : « La ligne des tirailleurs ennemis a dépassé le château et le parc de Pouilly ; le parc est entre les mains des Prussiens. »

Le 2ᵉ bataillon de Saône-et-Loire ne tenait plus, embusqué derrière les créneaux du parc, il avait cependant longtemps soutenu le choc de l'ennemi avec la 3ᵉ légion de Saône-et-Loire commandée par le colonel Fornel. Cette légion qui avait été envoyée pour occuper la route de Langres, en avant du parc de Pouilly, trouvait les positions prises par les Prussiens. Deux bataillons de la 3e légion furent déployés en tirailleurs, mais ils ne purent conserver leurs lignes, accablés tant par le feu des batteries que l'ennemi venait d'établir en avant de la ferme de Valmy que par celui des tirailleurs prussiens qui couronnaient les hauteurs. Les mobilisés de Saône-et-Loire durent se replier en arrière du parc ; il fut cependant défendu vigoureusement et le château resta même en possession du sous-lieutenant Vachia et de l'adjudant Blanda qui, avec quelques francs-tireurs, firent éprouver des pertes à l'ennemi.

Les mobilisés de Saône-et-Loire ont été l'objet de vives critiques bien qu'ils aient tenu toute la journée du 23 janvier en échec, autour du château de Pouilly, les Prussiens qui cherchaient à pénétrer dans Dijon par les places Saint-Nicolas et Saint-Bernard. Le château de Pouilly lui-même n'a jamais été abandonné complètement pendant cette chaude journée. Pris et repris trois fois, les Allemands, ne pouvant déloger des greniers des francs-tireurs de la Guerilla d'Orient, mirent le feu. C'est là qu'un blessé de Saône-et-Loire fut saisi par des soldats prussiens qui, ne respectant plus les lois de la guerre, le garrottèrent et le jetèrent sur le feu de fagots et de paille qu'ils venaient d'allumer sur l'escalier. Cette victime d'un acte de sauvagerie indigne d'un peuple civilisé était M. Fontaine, de Chalon-sur-Saône (1).

(1) Après la bataille du 23 janvier 1871, vers minuit, le commandant Tappaz, des chasseurs du Mont-Blanc, qui gardait l'usine Bargy, fut chargé de visiter tous les avant-postes et d'aller au château de Pouilly pour une entente à faire avec l'officier qui commandait les troupes qui occupaient cette position. Voici son récit, qui montre combien il a été tenté, ce soir-là, de venger cet acte de férocité. S'il avait voulu, il y aurait eu une vingtaine de Prussiens de plus qui n'auraient jamais revu l'Allemagne.

« Je pris — écrit-il — huit hommes avec moi, et je traversai le champ de bataille où j'entendis des *râles français, allemands et Italiens* ; quel affreux spectacle, je ne l'oublierai jamais ! Comme j'arrivais sur la route de Langres, après avoir dépassé l'avenue qui conduit au château de Pouilly, je trouvai là une sentinelle qui, entre autres choses, me dit : « Un paysan qui a passé près de moi

Il est bien évident que la résistance des bataillons de Saône-et-Loire et de quelques compagnies de francs-tireurs, soutenus par quelques pièces françaises a permis à la 4e brigade commandée par Ricciotti Garibaldi d'accourir, et de se retrancher dans l'usine de noir animal.

Les mobilisés de Saône-et-Loire que le général Pélissier commandait ont souvent été paralysés par suite des froissements dus à la rivalité des chefs garibaldiens. Il est bon, toutefois, d'ajouter que le général Pélissier ne paraît point avoir fait preuve des capacités qu'on était en droit d'attendre dans une circonstance aussi périlleuse. Indépendamment de son immobilité sur la place Saint-Nicolas, le soir de l'affaire du 22, deux batteries lui appartenant ont été laissées sur un train de chemin de fer, et le capitaine Sahles, après de pressantes démarches, reçut enfin l'autorisation de les décharger ; mais elles n'eurent pas le temps d'entrer en ligne. Robert Middleton dit à ce sujet que, pendant ces combats, on s'étonnait de voir dans les rues de Dijon, deux batteries de 12, tout attelées et inactives.

.·.

Vers trois heures et demie, une certaine panique se répandit tout à coup dans Dijon. Les mobilisés de Saône-et-Loire se repliaient rapidement et en désordre du côté de la route de Langres. Mais, on ne comptait pas encore sur l'héroïque résistance de la brigade Ricciotti qui, dès onze

m'a affirmé que dans cette maison, il y a de nombreux blessés prussiens », et il m'indiquait en même temps, à cent mètres environ en dehors de nos lignes, sur le bord de la route, une construction dans laquelle brillait encore de la lumière à cette heure avancée de la nuit. L'ennemi pouvait peut-être nous surprendre en dehors de nos lignes de sentinelles, je fis mettre baïonnette au canon et en avant! Deux minutes après, nous entrions dans la maison. Dans une chambre au rez-de-chaussée, du feu dans une cheminée et un certain nombre de blessés étendus sur de la paille ; à notre aspect, la plupart se levèrent à demi, en joignant les mains d'un air suppliant. « Bêtes féroces, pensais-je, vous mériteriez la loi brutale du talion ! » car je savais l'affaire du *Brûlé de Pouilly*. Mais frapper des hommes désarmés et blessés, nous ne le pouvions faire, c'était une lâcheté. Une voiture d'ambulance vint les prendre le lendemain et les conduire à Dijon. » (Collection manuscrite de l'auteur.)

heures du matin, s'était dirigée sur la fabrique de noir animal qui commandait la route devant Dijon.

Le général Garibaldi avait dit à son fils Ricciotti, en le chargeant de la défense de cette usine : « *Si ce point est perdu, la ville de Dijon l'est aussi.* »

Les mille francs-tireurs commandés par Ricciotti se sont immortalisés là ! (1)

L'Usine Bargy

A dix-huit cents mètres de Dijon, après avoir quitté la place Saint-Nicolas, se trouve à gauche le long de la route de Langres une propriété close appelée : Usine Bargy. C'est une fabrique de noir animal qui était alors exploitée par M. Bargy, industriel (2). L'entrée principale donne accès sur la route de Langres à l'angle formé par le *chemin des Charbonniers* qui y vient aboutir, devant la grille de l'usine, après en avoir longé le mur oblique. C'est en suivant ce chemin que l'on arrive au creux du *dépôt de vidanges de Mettray* où sont tombés une grande partie des soldats allemands. Ce chemin aboutit au *chemin des Charmes* qui va de *La Charmette* à l'octroi de la route de Langres et est parallèle à la route ; ce qui fait qu'à l'extrémité de l'usine le bâtiment principal qui s'y trouve a vue sur ce chemin. Le champ Gérard où est élevé le monument du 61e Poméraniens est le seul terrain à franchir pour y avoir accès.

Plus loin, en arrière se trouve la *Sablière* d'où sortirent les soldats du 61e avec le drapeau du régiment. Cette Sablière se trouve à l'extrémité d'une chaussée de deux mètres de hauteur alors destinée à l'établissement de la voie ferrée de Dijon à Langres. Elle servait de chambre d'emprunt à la compagnie chargée des terrassements.

(1) Ricciotti dit dans une lettre datée de Rome, 24 décembre 1887 : « Dans la défense acharnée de la fabrique de noir, le drapeau du « 61e nous resta, trophée bien mérité par la valeur et le patriotisme de mes francs-tireurs français ; et je dis Français, car sur « six ou sept cents qu'ils étaient, il y avait seulement quelques « Italiens. » (*Collection manuscrite de l'auteur*).

(2) L'un des fils, M. Amédée Bargy, député de la Côte-d'Or, est actuellement trésorier du comité qui doit élever à Dijon un monument à Garibaldi.

Nous avons cru devoir décrire les lieux d'une façon précise pour éviter les confusions qui se produisent parmi ceux qui se rendent sur le terrain. Actuellement la voie ferrée de la ligne de Langres passe à droite de la route, en quittant Dijon, alors que la voie qui nous occupe et qui a été abandonnée, se rencontre à gauche de la route et à l'ouest de l'usine.

Lorsqu'on entre dans cette usine par la porte principale on trouve : à droite, la fabrique, à gauche, les bureaux et les écuries ; en face, au fond de la cour, une grande construction à deux étages avec de nombreuses fenêtres, c'est le bâtiment principal à la façade extérieure de laquelle une partie de la brigade de Ricciotti a anéanti la colonne du 61e qui s'avançait sur elle. A côté de ce bâtiment existe encore la petite porte donnant accès sur le champ Gérard par où Curtat sortit, sous les balles, pour prendre le drapeau.

La défense de l'usine

Les troupes de la brigade garibaldienne, en prenant possession de l'usine, organisèrent promptement la défense en utilisant tous les avantages de la position en faveur d'une énergique résistance. Pendant que les uns percent, à hauteur d'homme, dans les murs de clôture des meurtrières, d'autres entassent de gros sacs de charbon de distance en distance le long des mêmes murs, avec des planches placées d'un tas de sacs à l'autre, formant ainsi une galerie qui permet d'avoir deux rangs de tireurs superposés.

Le bâtiment principal a ses étages occupés par la majeure partie des défenseurs de l'usine, et les vingt fenêtres des deux étages de la façade extérieure qui regarde Fontaine, sont garnies de sacs de charbon qui ne peuvent protéger efficacement les tireurs, mais les cachent au moins un peu à la vue de l'ennemi (1).

Au dehors, les francs-tireurs s'abritent derrière des bar-

------

(1) Le commandant Dunières occupait le 1er étage avec les francs-tireurs de l'Isère.

ricades élevées sur la route à l'entrée de l'usine dans les fossés et les moindres plis de terrain.

Or, pendant que ces travaux défensifs s'organisaient, le lieutenant-colonel Fornel se trouvait avec le 3e bataillon des mobilisés de Saône-et-Loire en avant de l'usine, sur la voie ferrée projetée de Dijon à Langres. Après avoir placé les hommes de ce bataillon sur le talus de la voie, de manière à surveiller les Prussiens, le lieutenant-colonel Fornel, voyant ces derniers ouvrir le feu sur les 1er et 2e bataillons de la Légion qui se trouvait en arrière de la ferme de Valmy, à gauche et en avant du parc de Pouilly, partit au galop. Ces deux bataillons n'étaient déjà plus à leur place et se repliaient vivement pour se reformer derrière le parc de Pouilly. C'est à ce moment précis que le 3e bataillon fut attaqué. Ricciotti fit alors aussitôt exécuter une sortie. Le commandant Rostaing, des francs-tireurs de l'Isère, la dirigea en faisant appel aux volontaires. Son but était d'aider à chasser les tirailleurs ennemis qui refoulaient les mobilisés. En vain, le commandant Rostaing tenta d'arrêter les mobilisés dans leur retraite, il dut se replier pour sortir une seconde fois avec des hommes des divers corps de la brigade et parvint à repousser à la baïonnette les tirailleurs ennemis qui s'avançaient dans les fossés de la route de Langres et derrière les arbres qui la bordent. Cette sortie favorable laissa quelques morts sur le terrain et une dizaine de fusils à aiguille furent rapportés dans l'usine.

Pendant cette partie de l'affaire, Ricciotti était du côté de la grille surveillant la route de Langres, qui à ce moment était le point important.

Mais, sur un autre côté les Allemands se dirigeaient aussi. Une colonne s'avança jusqu'à la chaussée abandonnée par les mobilisés et, à l'abri de cette levée de terre, ils se forment (1).

Les défenseurs de l'usine qui occupent le bâtiment donnant sur la chaussée et le *chemin des Charmes* laissent

____

(1) Un officier à cheval était à la tête des Prussiens au moment où ils sont arrivés derrière la chaussée, située à 250 mètres de l'usine ; mais il n'y en avait pas en tête de la colonne où se trouvait le drapeau.

échapper quelques coups de feu qui attirent l'attention de l'ennemi (1).

La colonne du 61e masquée est déjà prête à s'avancer pour envelopper l'usine. Quelques compagnies restent en réserve derrière la chaussée alors que la partie principale sort, en rangs serrés, de la *Sablière*. Une compagnie, formant l'aile gauche, cherche à gagner la route de Dijon en longeant le *chemin des Charbonniers*.

C'est alors que la colonne principale traverse le *chemin des Charmes* et surgit, drapeau déployé, sur le champ Gérard, à 50 mètres de l'usine (2). Une décharge épouvantable retentit, c'est le feu formidable des francs-tireurs de la brigade Ricciotti qui s'abat sur la colonne que l'on voit s'écrouler subitement en masse. La fusillade crépite avec fureur et sans interruption (3).

Les cris de hurras des soldats poméraniens se transforment en cris de détresse. Le drapeau disparaît dans ce flot humain. Le coup a été si terrible que l'hécatombe fait pousser des cris d'effroi aux vivants que les morts engloutissent.

Le tir a été foudroyant. Qui chercherait à reprendre le drapeau ? Les officiers sont morts à ses côtés sans pouvoir faire briller à nouveau la lance, comme disent les Allemands. Comment auraient-ils pu ? Ce fut un coup de foudre telle-

(1) Tous les défenseurs de l'usine, sans exception, étaient armés du chassepot.

(2) Nous ne pouvons dire de quelle manière les Allemands portent leur drapeau pendant l'action, au moins en pratique. Leur règlement dit : « Il sert au régiment de point de direction et de rassemblement, est *déployé* pendant le combat, etc... » Nous devons croire qu'ils le portaient déployé pour les premières batailles, puis que plus tard, l'hiver venu, ils le tenaient enfermé jusqu'au moment de l'action ; ce qui revient à dire qu'ils ne combattaient jamais que drapeau déployé.

(3) La salve de 460 fusils dont il est question, page 194, dans la brochure de M. Dormoy (*La prise du Drapeau du 61e*, Paris, Sauvaitre, éditeur), n'a pas été tirée entièrement dans la direction du drapeau, puisque 160 hommes environ défendaient la face de l'usine qui regarde du côté de Messigny et de la route de Langres, côté par où une deuxième colonne prussienne cherchait à cerner les combattants.

ment brutal que les survivants ne purent se reformer sous la pluie de balles qui les aveuglaient. Ils durent fuir, malgré tout le courage qu'il soit possible de leur reconnaître (1). Et, malgré tous les efforts faits alors (car il ne s'agit plus de l'usine, mais du drapeau), les grenadiers poméraniens

(1) « Tous les officiers qui tentent de relever plusieurs fois le drapeau, comme l'ont dit certains auteurs, *c'est archi-brodé* ; cela fait très bien dans le récit, mais c'est de la blague pure ; est-ce que les épis de blé se relèvent après un coup de faux ! Notre fusillade a cependant produit exactement cet effet, surtout dans les premiers rangs de la tête de colonne prussienne, et les hommes des deux ou trois premiers rangs étaient réellement en partie entassés les uns sur les autres. C'est d'ailleurs facile à comprendre, la tête de la colonne a été tout naturellement le point de mire principal au moment de la première décharge, puisqu'il fallait arrêter la marche de cette colonne qui nous enveloppait. La grêle de balles tirées à si courte distance a donc été foudroyante. » (*Récit du commandant Tappaz, des chasseurs du Mont-Blanc*, collection manuscrite de l'auteur.)

De son côté, le capitaine-commandant Dunières, qui commandait le feu au 1ᵉʳ étage, raconte ainsi les faits : « Le porte-drapeau prussien s'est avancé à trente pas environ de la maison qu'occupait ma compagnie. Là, il est tombé sous notre feu, ainsi que tous les gardes qui l'accompagnaient.

« On a écrit et publié que cet étendard avait été relevé vingt fois par les Prussiens, et qu'il était retombé.

« Ce n'est pas vrai, et cela ne peut être vrai.

« En effet, si ce drapeau eût été relevé vingt fois, ainsi qu'on l'a dit, son régiment l'aurait aperçu et aurait dirigé tout son élan, tous ses efforts de ce côté.

« Et croyez-vous que nous aurions pu empêcher à 3,500 hommes du régiment qui, à Sadowa, avait été surnommé le rempart de fer, du régiment du maréchal de Moltke, de relever son drapeau, nous, cent hommes, quelque braves qu'ils puissent être ?

« Si nous avons pu garder ce drapeau et, en somme, permettre de le relever au bout d'une heure de combat, de feu incessant, c'est que justement, comme il était resté à terre sans jamais être relevé, son régiment a toujours ignoré l'endroit précis où gisait son drapeau.

« On a dit aussi qu'il était percé de mille balles, qu'il était couvert de sang, ce n'est pas exact non plus ; la hampe seule en avait été brisée par une balle.

« Nous devions surveiller notre prise, notre trophée à nous, et puisque notre position au premier et au deuxième étage de la maison nous empêchait, pour l'instant, de le relever nous-mêmes, savoir au moins en quelles mains il passerait. » (Extrait du *Réveil du Dauphiné*, 10 juillet 1880.)

tombent, grossissant encore de leurs cadavres l'endroit où le drapeau est tombé.

La lutte, enfin, ne leur paraît plus possible ; le soir arrive, la nuit approche...

La prise du drapeau

Et, tandis que les grenadiers survivants s'éloignent en brûlant leurs cartouches, un franc-tireur sort par la petite porte de l'usine et gagne, courbé en deux, le monceau humain où il saisit le drapeau qu'il avait vu tomber. C'est Curtat, de la compagnie des chasseurs du Mont-Blanc ; il rentre à l'usine aussitôt avec son trophée. Cinq ou six francs-tireurs, dont un officier, prêts à sortir, le reçoivent à sa rentrée, et le drapeau lui est enlevé (1).

Un mouvement subit avait fait accourir à cette porte ceux qui avaient vu tomber le drapeau, et le champ Gérard était déjà gagné par quelques-uns. Rostaing, le commandant des chasseurs de l'Isère, était aussi sorti à l'opposé, par la grille, et avait contourné l'usine avec un de ses hommes nommé Perret, mort depuis. Dans un ré-

(1) Voici divers extraits de lettres du brave Curtat : « J'ai relevé « le drapeau à cent mètres environ en avant de l'usine. Je suis « sorti tout seul, par la petite porte de l'usine, malgré la défense « expresse qui en avait été faite et ai arraché, sous le feu de l'en- « nemi, le drapeau à un Prussien blessé. Il était 4 heures du soir. « La hampe a été brisée sur mon épaule, par une balle, lorsque « je rejoignais mon corps établi dans l'usine. Le drapeau portait « deux médailles. »

Dans une autre : « Les balles sifflant de tous côtés, j'ai dû ram- « per le sol et le plus vite possible pour rentrer à l'usine où se « trouvait ma compagnie. »

Et dans une autre : « La hampe du drapeau a été brisée, alors « que je rentrais en courant, au milieu d'une grêle de projectiles, « portant le drapeau sur mon épaule ; cette brisure a eu lieu à « quelques centimètres au-dessous de l'endroit où cesse l'étoffe. « Je reçus même un contre-coup assez violent, produit par la « balle coupant la hampe, et j'avais autre chose à faire qu'à cher- « cher à ramasser le morceau de la hampe tombé à terre, étant « trop heureux de conserver le drapeau lui-même. » *(Collection manuscrite de l'auteur.)*

cit que cet officier nous a fait, et qu'il est bon de retenir, il nous a dit s'être approché, presque à la nuit, d'une masse noire, genou à terre, cherchant le drapeau de la main, entre les cadavres, lorsqu'il vit tout à coup des soldats prussiens sortir de l'excavation de terrain en face (la Sablière), des tirailleurs ennemis, s'avançant comme des ombres (1). Il fit feu, et c'est à ce moment, dit-il, qu'il vit Curtat (qu'il ne connaissait pas) s'emparer du drapeau.

Arraché des mains du chasseur du Mont-Blanc, comme nous l'avons dit plus haut, le drapeau fut remis, dans la cour de l'usine, à Ricciotti, par le franc-tireur Perret.

Peu après, en présence de quelques officiers et soldats francs-tireurs, Ricciotti le présentait au général commandant en chef, Garibaldi, à quelques pas du lieu même où il

(1) Des tentatives pour reprendre le drapeau furent faites de ce côté par les Allemands : « Nous ne voulons pas terminer la relation de cette affaire sans raconter la capture de deux prisonniers; non en raison de la valeur du fait même, que parce qu'il est peu connu, et qu'il peut, jusqu'à un certain point, faire supposer que, sans l'acte de courage de Curtat, nous risquions peut-être de perdre le drapeau du 61e. Un quart d'heure environ après la fin du combat, la nuit étant venue, on aurait pu voir les cadavres qui pendant l'action recouvraient le drapeau prussien, s'agiter brusquement, et deux hommes sortir du monceau de morts, observer attentivement les environs et se sauver à toutes jambes. Ceux-là n'étaient sans doute pas poussés par l'instinct de la guerre, puisqu'ils avaient eu la bonne précaution de rester à plat ventre au moment du danger, bien protégés d'ailleurs par une épaisse cuirasse de chair humaine; mais enfin notre conquête étant sous leurs mains, qui sait s'ils n'auraient peut-être pas tenté de sauver le drapeau, en profitant des premières ombres de la nuit, au moment où, sûrs de la victoire, notre attention était concentrée sur la déroute des troupes allemandes ! Quel coup de fortune pour eux !

« Leur tentative de fuite n'eut cependant pas de succès ; vus et poursuivis à outrance, ils ne tardèrent pas à tomber entre nos mains ; ils étaient couverts du sang de leurs camarades sans avoir la moindre blessure, et croyaient bien leur dernière heure arrivée, en entrant dans la cour de l'usine. Leur surprise fut aussi grande qu'agréable en voyant qu'au lieu de les coller au mur, ce qu'ils n'auraient pas manqué de faire à notre égard en pareil cas, nous leur donnions à manger et à boire pour les faire conduire ensuite sous escorte à Dijon (*Récit du capitaine-commandant Tappaz, des chasseurs du Mont-Blanc*), collection manuscrite de l'auteur.

« Celui qui fit ces deux prisonniers était un nommé Deschamps (Jules), de Servaz, canton de Chamonix, volontaire de la compagnie du Mont-Blanc. »

avait été pris, en lui disant : « Général, la 4e brigade vous remet le drapeau qu'elle vient de prendre à l'ennemi. » Et Garibaldi répondit, ému : « Merci, la 4e brigade a bien mérité de la Patrie. Je n'ai jamais vu position attaquée et défendue avec autant d'acharnement. »

De son côté, Ricciotti a rendu lui-même un hommage éclatant à la valeur de ses francs-tireurs : « On peut ren-
« contrer un héroïsme égal, mais jamais supérieur, a-t-il
« dit. Pendant plus de trois heures, ces hommes ont sou-
« tenu, avec un courage de lion et un sang-froid de vieux
« soldats, le choc de tout un corps ennemi, aidé d'une puis-
« sante artillerie, combattant souvent corps à corps, tant
« au dedans qu'au dehors de l'enceinte du bâtiment. Avec
« de tels guerriers, on ne pouvait que vaincre ! J'étais
« heureux d'être leur chef, ils m'avaient prouvé à Châtil-
« lon, Baigneux, Crépand, Saulmé, Autun, Messigny, etc.,
« qu'ils se seraient fait tuer plutôt que de céder. »

C'est le plus bel éloge que l'on puisse faire ici des vaillants corps francs de l'Isère, les chasseurs des Alpes (Savoie) et du Mont-Blanc (Haute-Savoie), qui se couvrirent de gloire ce jour-là.

Le soir même, une charge héroïque, à la baïonnette, repoussa l'ennemi sur tous les points, bien au delà de la ferme de Pouilly (1). Des cavaliers de l'escadron du 3e hussards, qui servait d'escorte à Garibaldi, exécutèrent une charge avec une furia peu commune. Toutefois, le manque de cavalerie empêcha la dispersion de l'ennemi vaincu.

(1) Voici la lettre d'un franc-tireur de l'Isère, en date du 25 janvier 1871 : « Pour notre compagnie, l'action la plus terrible a eu lieu vers 4 heures, dans un clos appelé clos de Pouilly (23 janvier), à deux kilomètres de la ville. Les Allemands avaient pris cette position avant nous, s'y étaient fortement établis, et il s'agissait de les refouler. Nous nous sommes élancés à la baïonnette, la 1re compagnie et la nôtre (2e compagnie francs-tireurs de l'Isère), et sommes parvenus à franchir les murs et à pénétrer dans le clos. C'est alors qu'un engagement terrible a eu lieu au milieu d'une brume assez noire ; c'était une véritable boucherie, on s'égorgeait mutuellement. La 1re compagnie nous a sauvé ; postée dans une ferme, elle a fait une fusillade si vive, que son feu roulant a duré pendant près d'une heure sans le moindre intervalle. »

(CHAMOUX, francs-tireurs de l'Isère.)

Monument commémoratif et discours allemands

Pendant l'occupation, un monument a été élevé par les Prussiens sur le champ Gérard où tombèrent les officiers et soldats du 61ᵉ en défendant leur drapeau.

Sur l'une des faces, nous avons relevé l'inscription allemande dont voici la traduction :

« A la glorieuse mémoire des officiers et soldats du 8ᵉ ré-
« giment poméranien d'infanterie nᵒ 61, tombés victimes
« fidèles du devoir accompli dans les combats livrés près
« de Daix et Messigny, le 21 janvier 1871 en ce lieu, le
« 23 janvier, et près de Prauthoy le 28 janvier 1871. — De la
« part de leurs camarades. »

L'inauguration du monument eut lieu le 11 juillet 1871. Voici le récit qui parut dans la *Gazette générale de l'Allemagne du Nord*, du 29 juillet 1871, nᵒ 174 :

« Le 11 juillet a eu lieu l'inauguration solennelle du mo-
« nument élevé à la mémoire des officiers et soldats du
« 8ᵉ régiment poméranien d'infanterie nᵒ 61, tombés sous
« les murs de Dijon. Ce régiment, actuellement cantonné à
« Belfort, avait envoyé sur les lieux une députation com-
« posée du lieutenant-colonel Von Massenbach, chef du ré-
« giment, du lieutenant-colonel Weyrach, qui commanda le
« régiment pendant la campagne, de 9 officiers, de 3 ser-
« gents-majors, de 12 sous-officiers et de 12 soldats. L'en-
« droit où s'élève le monument est situé à un quart de
« lieue de Dijon, non loin de la fabrique Saint-Martin où
« tombèrent glorieusement 2 officiers et 43 soldats. Le
« mausolée consiste en un bloc de pierre, haut de 12 pieds
« et surmonté d'une croix en marbre blanc ornée d'une
« couronne de laurier. Sur la face antérieure, une plaque
« indique qu'il est dédié aux soldats morts à cette place et
« dans les combats de Talant, de Messigny et de Prauthoy.
« Sur l'autre face, on voit une croix avec l'inscription sui-
« vante :

« Ici tombèrent les lieutenants Brune, Von Puttkamer et
« Benno Schulze. » Autour du monument s'étend un carré

« planté de cèdres, de cyprès et de saules pleureurs, et en-
« touré d'une grille en fer. »

« A 8 heures du matin se réunirent, outre la députation
« du 61e régiment, les officiers du 49e régiment et ceux du
« régiment de hussards de Blucher cantonnés à Dijon. La
« susdite députation entoura la tombe. Une compagnie du
« 49e régiment se rangea de côté pour tirer les salves. A
« huit heures et demie précises, le chef de la division, son
« Excellence le lieutenant-général Comte von der Groeben,
« suivi de son état-major, vint saluer la députation du
« 61e régiment et donna l'ordre de commencer la cérémo-
« nie. Après qu'on eut chanté le cantique : « Jésus mon
« espoir, » le pasteur divisionnaire Moldenhauer parla de
« la mort héroïque des soldats tombés à cette place pour le
« Roi et la Patrie; puis il bénit le mausolée.

« Aussitôt après, le vicaire catholique Erdner prononça
« une oraison sur le même sujet et consacra le monument
« et la tombe selon le rite catholique. Ensuite les troupes
« rangées autour du mausolée présentèrent les armes, la
« croix fut posée sur son socle au milieu du roulement
« sourd des tambours, et trois feux de salve rendirent aux
« héros morts les derniers honneurs.

« Cette cérémonie célébrée suivant la vieille coutume
« prussienne, fit une profonde impression sur tous les assis-
« tants.

« Mentionnons encore que, le jour de l'inauguration du
« monument, le journal publié à Dijon cita le mot de Gari-
« baldi « que les soldats prussiens étaient les premiers du
« monde. » Tout au matin, le mausolée avait été orné de
« lierre et de fleurs par les soins de quelques dames de
« Dijon ; sur le socle se trouvait un papier où étaient écrits
« ces mots :

> « Ennemis sur la terre,
> « Amis dans le ciel.
> « *De profundis !*
> « Bouquets offerts par six Françaises. » (1)

(1) Traduit par M. Dieringer, professeur au Lycée de Bourg, et
certifié conforme à l'original.

Il est de notre devoir d'historien de relever ici deux points. Le premier c'est qu'il n'y eut pas de journaux de Dijon pour parler de cette cérémonie et bien moins encore pour citer des mots que Garibaldi n'a jamais prononcés. Mais, il en coûte peu d'en parler ainsi à Berlin.

Le second point c'est l'impudente allusion tendant à faire croire que des Françaises, des dames de Dijon aient songé à jeter des fleurs sur la tombe des soldats du 61e Prussien ! Prendre part au deuil de nos pires ennemis, à un moment où la Patrie agonisait, serait là une conduite bien indigne. Certaines femmes ont pu avoir leur entrée par la petite porte de la Préfecture de Dijon occupée militairement ; mais, celles-là n'avaient point d'honneur et encore moins de patrie. C'était d'ignobles déclassées bonnes à égayer les orgies de nos vainqueurs moyennant thalers ! Quand on a l'impudence de griser des femmes sans feu ni lieu pour les envoyer ensuite porter des fleurs sur la tombe de ses compagnons d'armes, on blasphème les morts et c'est le dégoût sous la plume que nous relevons de tels actes.

On sait du reste assez comment, à Dijon, ces messieurs entendaient l'occupation. Certaines maisons à gros numéros ne furent-elles pas réservées uniquement à MM. les officiers allemands (1). D'autres que moi ont déjà signalé une telle conduite. Le *Journal de Clément-Janin* dit que pendant l'armistice, les *Villas* des environs de Dijon servaient aux orgies des officiers prussiens : « Ils y amènent des filles publiques et s'y livrent à la débauche. Sous la protection de leurs cavaliers servants, ces filles enlèvent tous les objets qui sont à leur convenance. » Quant au lieutenant-colonel Weyrack qui commandait le 61e et qui revint à

---

(1) Personne n'a oublié la tentative d'assassinat dont fut victime le patriotique maire de Dijon, M. Dubois : « Des soldats allemands, mécontents des mesures de police prises par le maire vis-à-vis les filles de mauvaises mœurs, étaient attroupés vers 10 heures du soir, rue des Godrans. Le commissaire de police et un agent surveillaient la rue ; M. Dubois, qui rentrait chez lui, s'entretenait avec eux. Au moment même où il ouvrait sa porte, un coup de feu partit du groupe des soldats allemands. Heureusement la balle ricocha sur le montant de la porte et n'atteignit pas M. Dubois. *(Progrès de la Côte-d'Or,* 3 décembre 1888.)

Dijon pour l'inauguration du monument, Clément-Janin,
nous dit, que le 1er février 1871, il se faisait servir un co-
pieux déjeuner à l'*Hôtel de la Ville de Lyon* et refusait de
payer l'hôte !...

Passons.

Le 18 septembre 1871, un nouveau drapeau a été remis, à
Belfort, au 61e, et un discours de l'Empereur Guillaume lu
ce jour-là aux troupes consacra cette cérémonie. En voici
la traduction :

« D'après les rapports qui me sont présentés, j'ai la satis-
« faction de constater que, le 23 janvier de cette année,
« jour où il a perdu son drapeau devant Dijon, le 2e batail-
« lon du 8e régiment poméranien d'infanterie n° 61, a com-
« battu avec une vaillance héroïque et que la perte du dra-
« peau a été une de ces circonstances regrettables qui
« résultent d'événements adverses et que l'on ne saurait
« reprocher à personne. Le drapeau n'a été ni conquis par
« un ennemi victorieux, ni livré par une troupe découra-
« gée ; la place funèbre qu'il occupait sous les cadavres de
« ses vaillants défenseurs a été sur le champ de bataille une
« nouvelle attestation d'honneur pour la troupe devant
« laquelle il a flotté jusqu'au moment où la nuit noire l'a
« soustrait aux regards de ceux qui le gardaient. En re-
« connaissance de la vaillance témoignée par le 2e bataillon
« du 8e régiment poméranien d'infanterie n° 61, je lui remets
« le nouveau drapeau ci-contre avec le ruban de la médaille
« commémorative fondée par moi pour la campagne de
« 1870-1871, ruban au bout duquel se trouve le gland retrouvé
« du ruban de l'ancien drapeau, et je vous charge de le
» transmettre en mon nom au bataillon le plus solennelle-
« ment possible.   GUILLAUME.

« A mon adjudant-général, général de la cavalerie, baron
« de Manteuffel, commandant en chef de l'armée d'occupa-
« tion en France. »

Ce discours est le contraire de la vérité et les renseignements de Guillaume sont erronés. Le drapeau a été arraché
pendant l'action, des mains d'un blessé. La même erreur a
été commise dans le récit qu'en a fait le lieutenant-colonel
de Coynard (*La guerre à Dijon*) qui dit que ce drapeau .

fut trouvé près d'un monceau de cadavres par des mobilisés de Saône-et-Loire. Cet auteur ajoute : « à cette occasion, une correspondance fut échangée entre les états-
majors prussien et des Vosges. Celui-ci a expliqué nette-
ment les circonstances dans lesquelles la capture avait été
faite, et quand le gouvernement de l'empereur Guillaume a
remis au 61ᵉ régiment un autre drapeau, il a rendu hommage à la bravoure de ceux qui étaient restés maîtres du
premier. »

Le colonel de Coynard a été mal renseigné. Les recherches que nous avons fait faire aux archives de la guerre, à
Berlin, ont motivé la lettre suivante à notre correspondant :

« **Ministère de la Guerre**

—

« DÉPARTEMENT DES INVALIDES

—

« Berlin, 27 janvier 1888.

« Monsieur,

« En réponse à votre demande de renseignements, le
« département s'empresse de vous informer que dans les
« archives du Grand Etat-Major, *où sont conservés tous*
« *les documents* concernant la campagne de 1870-1871, il
« n'existe pas de lettre émanant du chef d'état-major de
« l'armée garibaldienne et ayant trait à la perte et à la
« découverte du drapeau du régiment d'infanterie nº 61.

« VON GROLMAN. » (1)

(1) Traduction certifiée sincère à l'original par M. Dieringer,
professeur de langues vivantes au Lycée de Bourg (*Collection
manuscrite de l'auteur*).

A ce sujet, nous ferons remarquer que, tandis qu'il est permis
aux historiens de faire toutes recherches dans les archives de la
guerre à Berlin, en France, les chercheurs reçoivent des réponses
comme celle-ci :

MINISTÈRE DE LA GUERRE   *Paris, le*................*18*

Etat-Major général

SECTION HISTORIQUE
(*Archives historiques*)
                                                Monsieur,

J'ai l'honneur de vous informer que la communication des papiers de la guerre de 1870,
étant formellement interdite, il n'est pas possible de vous donner les renseignements que vous
demandez.

Recevez, etc.   *Le Chef d'État-Major*,
                                                Général SESMAISONS.

Composition de la 4ᵉ Brigade
Récompenses

La 4ᵉ brigade de l'armée des Vosges, commandée par Ricciotti, était formée des 14 compagnies (1) ci-après :
Chasseurs des Alpes, de Savoie ;
Francs-tireurs de l'Isère (1ʳᵉ et 2ᵉ compagnie) ;
Francs-tireurs Dolois ;
Francs-tireurs des Vosges ;
Francs-tireurs de l'Aveyron ;
Chasseurs du Mont-Blanc ;
Chasseurs de la Loire ;
Eclaireurs de l'Allier ;
Volontaires du Loir-et-Cher ;
Eclaireurs de Caprera ;
Volontaires du Gers et de Nice réunis ;
Francs-cavaliers de Châtillon.

Parmi les décorations de la Légion d'honneur, nous avons relevé celles relatives au Drapeau et qui concernent :

1°. M. Dunières (Henri-Alphonse-Etienne), nommé chevalier le 19 juillet 1889, comme ancien capitaine de francs-tireurs : « A assisté aux combats de Messigny, Talant, Fontaine, où il s'est très bravement conduit, au combat de Pouilly-Dijon, où cet officier a abattu d'un coup de feu le porte-drapeau du 61ᵉ régiment prussien et a permis ainsi à ses compagnons d'armes de s'en emparer. » (2)

(1) Une partie des *francs-tireurs* étaient des annexés de Nice et de la Savoie, en vertu du traité du 12 juin 1860. C'est ce qui a fait dire à Ricciotti Garibaldi : *mes francs-tireurs français*, dans son récit sur la défense de l'usine. Ce rapport, dont nous possédons le manuscrit, a été inséré *in extenso* dans le *Progrès de la Côte-d'Or* du 23 janvier 1888.

(2) Le porte-drapeau et tous ses voisins, à deux ou trois mètres autour de lui, ont été littéralement foudroyés, la tête, la poitrine absolument criblées de balles. C'est d'ailleurs facile à comprendre, tous les hommes qui se trouvaient les plus près du drapeau ont été, dès le principe et *tout naturellement, le point de mire d'un grand nombre des défenseurs de l'usine;* un boulet de canon aurait emporté

2° M. Rostaing (Pierre-Auguste), nommé chevalier le 27 juillet 1871, comme chef de bataillon aux francs-tireurs de l'Isère : « Au combat de Pouilly-sous-Dijon (23 janvier 1871), s'est emparé du drapeau du 61° prussien, nommé pour ce fait

brusquement les jambes de tous ces malheureux qu'ils ne seraient pas tombés avec plus de rapidité.

M. Dunières écrivait lui-même, dans le *Réveil du Dauphiné* du 10 juillet 1880 : « Et, si vous m'avez obligé à revendiquer pour moi, pour ma compagnie, l'honneur d'avoir abattu ce drapeau, pour lui je revendique celui de l'avoir relevé. Et cela, du reste, n'a pas été sans danger, car, à ce moment, l'ennemi, qui voulait déguiser sa retraite a fait de ce côté, mais pendant une minute seulement, un feu des plus vifs. »

Le capitaine Dunières voulut tenter une sortie pour aller s'emparer du trophée, mais il en fut détourné par un officier supérieur, M. Michard, croyons-nous, dans la crainte que cette sortie compromit le sort du combat.

Nous relevons également dans la lettre du 7 juillet 1880, adressée par le capitaine Dunières au commandant Michard, des chasseurs des Alpes : « A ce moment, le porte-drapeau prussien déploya son étendard, à trente pas de mes yeux. Je lui adressai une balle de chassepot qui l'étendit raide mort et au commandement de : *feu, feu*, tous ses compagnons tombèrent sous le feu de mes francs-tireurs. » — La vérité est que, dans ces étages, *Dauphinois, Chasseurs des Alpes et du Mont-Blanc*, tous étaient mélangés, chacun ayant choisi son poste à sa guise.

A ce sujet, nous croyons devoir reproduire les réflexions comparatives d'un officier qui lui aussi avait mis en joue le porte-drapeau : « Bien abrité derrière un mur, je tire un lièvre et je le roule ; mais cent chasseurs bien armés sont parfaitement décidés à faire feu et à tuer sans pitié celui qui viendra le ramasser ; cependant malgré un feu violent et à courte distance, vous courez à découvert sur un espace de cent mètres, pendant que je reste à l'abri, et vous allez le prendre. Quel est de vous ou de moi le plus méritant ? Il me semble que si j'ai fait simplement preuve d'adresse, vous avez fait preuve de courage en bravant audacieusement la mort pour aller ramasser le lièvre. »

« Et, pour continuer la comparaison, voici comment la question doit être posée pour rester dans le vrai : vingt chasseurs placés sur la même ligne derrière un mur crénelé, tirent tous *en même temps* sur un lièvre qui est tué raide et même criblé de plombs ; veuillez me dire quel est celui des vingt chasseurs qui a roulé le lièvre ? J'attends votre réponse : Vous dites que c'est vous ; moi je soutiens que c'est moi ; un troisième raconte que c'est lui ; tous les autres chasseurs réclament également ce mérite ; qui a raison ? Jugez vous-même. »

Enfin, le 30 janvier 1771, M. Crozat, aumônier de l'ambulance de la 3° Légion écrivait à la *Semaine religieuse de Grenoble* : « Ici je dois rectifier, à l'honneur de nos compatriotes, le récit de plusieurs journaux sur le combat de Pouilly. C'est le capitaine de la 2° compagnie des francs-tireurs de l'Isère qui a tué le porte-drapeau du chef de bataillon, par ordre du jour du 24 janvier 1871 (Armée des Vosges, 4e brigade) » (1).

3° Perret, franc-tireur de l'Isère, décoré de la médaille militaire pour sa brillante conduite dans divers combats. Nous le mentionnons ici, parce que c'est lui qui a présenté à Ricciotti le drapeau (2).

61° régiment de Poméranie ; c'est le capitaine de la 1re qui a relevé l'étendard du milieu des morts. Ce sont ces deux compagnies qui par leur intrépidité et leur adresse ont empêché les Prussiens de s'emparer d'une position qui leur permettait de bombarder immédiatement Dijon.   « *Signé* : CROZAT, aumônier de l'ambulance
de la 3° Légion. »
Au contraire, le brave chef de bataillon Michard, qui commandait les chasseurs des Alpes et les chasseurs du Mont-Blanc, écrivait le 15 juin 1880 au journal de Paris, *La France* :
« C'est par erreur que vous attribuez exclusivement aux francs tireurs de l'Isère l'honneur d'avoir enlevé le drapeau du 61° Poméranien, régiment de la Garde, Roi-Guillaume.
« Ce drapeau a été conquis le 23 janvier 1871, par la 4e brigade de l'armée des Vosges qui défendait l'entrée de Dijon, en gardant l'usine de noir animal, située à gauche de la route de Langres.
« La 4° brigade était formée de 14 compagnies franches, qui toutes ont pris part au combat du 23 et spécialement à l'engagement contre le 61° Poméranien.
« Il serait injuste d'attribuer, comme vous le faites, la gloire de ce fait d'armes à une de ces compagnies au détriment des autres.
« Le drapeau a été rapporté du champ de bataille par le chasseur du Mont-Blanc Curtat, d'Annecy.
« Je suis le premier à rendre hommage à la belle conduite des capitaines Rostaing et Dunières qui commandaient les compagnies de l'Isère ; c'est même à la suite de mes démarches que M. Rostaing fut nommé commandant. »
« *Signé :* LOUIS MICHARD, ancien chef de bataillon
de la 4° brigade de l'armée des Vosges,
chevalier de la Légion d'honneur. »

(1) Le commandant Rostaing des francs-tireurs de l'Isère, était sorti par une autre porte que Curtat, comme on l'a vu ; il était accompagné par Perret, soldat de sa compagnie et il a été plutôt considéré comme étant le seul officier sorti pour prendre le drapeau à la tête de quelques volontaires. Du reste, voici le récit manuscrit que nous possédons dans notre collection sur les travaux et documents inédits de la guerre ; il est signé par le commandant Rostaing, lui-même : « Perret, qui n'était pas distrait par le voisinage de l'ennemi me dit « il est là. » Au même instant mon volontaire criait : Qui vive ? C'était, à quelques pas de nous, Curtat franc-tireur de la Haute-Savoie, que je ne reconnus pas pour un soldat de la brigade, par cette nuit sombre. »

(2) « Le drapeau du 61° a été remis à Ricciotti, colonel, par le nommé Perret de l'Isère, sur l'ordre de son commandant, resté sur le champ de bataille, surveillant les mouvements des derniers

Quant à Curtat (1), qui est allé le prendre aux mains d'un mourant, sous le feu ennemi, il n'a ni croix, ni médaille. Deux fois déjà le Président de la République lui a donné un secours de 50 francs.

Ce n'est pas assez pour un brave.

Le Dépôt du Drapeau du 61ᵉ (2)
Comment on écrit l'histoire

Voici *in-extenso* le procès-verbal du Drapeau déposé en 1888, aux Invalides :

« HOTEL DES INVALIDES.

« L'an mil huit cent quatre-vingt-huit, le 20 avril, nous « Termonia (Prosper), sous-intendant militaire de 1ʳᵉ classe, « chargé du 5ᵉ service.

tirailleurs de l'ennemi en retraite. » Extrait d'une lettre signée : ROSTAING, ex-commandant, et publiée dans le *Réveil du Dauphiné*, du 3 juillet 1880.

Dans le même journal (numéro du 28 juillet 1880), nous avons relevé la protestation suivante signée par les francs-tireurs de l'Isère réunis : « Nous certifions aussi, et ces mots resteront tou-« jours gravés à notre mémoire, que le franc-tireur Perret, en ren-« trant parmi nous, le drapeau à la main, s'écria en patois dauphi-« nois : l'*Isera vilia lo drapet* (l'Isère voilà le drapeau) ; il l'a remis « alors, et devant nous, au colonel Ricciotti qui le porta en com-« pagnie du franc-tireur à son illustre père, qui arrivait en voiture « à ce moment. »

(1) Sujet annexé en 1860, né à Annecy (Savoie).

(2) Le 24 janvier 1871, le drapeau était promené dans les rues de Dijon et photographié chez Guipet, rue Vaillant ; envoyé à Bordeaux il est resté dans le cabinet de M. Stenakers assez longtemps puisque le chef d'état-major Bordonne l'a trouvé le 12 février 1871, lorsqu'il s'est rendu à Bordeaux... On sait, en effet, que le reçu des membres de la défense nationale n'est daté que du 14 février. Le drapeau allemand remis aux Invalides était au musée d'artillerie depuis 1885, d'après le colonel Robert, conservateur du Musée.

« Sur l'invitation de M. le général Sumpt, commandant
« l'Hôtel des Invalides, nous sommes rendu audit hôtel à
« l'effet de constater le dépôt d'un drapeau allemand, pris
« au 61e régiment poméranien, à l'affaire de Pouilly, en 1871,
« par le nommé Victor Curtat, qui faisait partie d'une sec-
« tion de 34 francs-tireurs, commandée par M. Dormoy,
« actuellement professeur à l'Ecole Colbert.

« Ce drapeau a été versé aux Invalides par M. le conser-
« vateur du Musée d'artillerie, où il avait été déposé, et en
« vertu de l'ordre de M. le ministre de la guerre du 11 cou-
« rant, devra être placé dans l'église de l'hôtel.

« M. le général Sumpt, conservateur des trophées, nous
« ayant représenté ce drapeau, nous avons constaté qu'il
« est :

« De forme carrée, ayant 1m40 de côté. Il est en soie
« noire ; il a, au centre de l'une de ses faces, un cercle de
« 50 centimètres de diamètre entouré de feuilles de laurier
« et surmonté de la couronne royale, au-dessous de laquelle
« on lit, sur un cartouche de couleur bleue, la devise : *Pro*
« *Gloria et Patria* en lettres d'or. Au milieu et sur un fond
« d'or est un aigle noir couronné, tenant dans l'une de ses
« serres, la droite, un glaive la pointe en haut, et dans
« l'autre des foudres.

« Des points de ce cercle correspondant aux quatre coins
« du drapeau, partent quatre bandes en soie blanche de
« 12 centimètres, qui le prolongent en l'élargissant pour
« terminer en pointe, aux angles, affectant ainsi la forme
« de rayons. Vers la partie la plus large (33 centimètres),
« ces bandes sont ornées d'un écusson formé de branches
« de laurier, surmonté de la couronne royale et entourant
« le monogramme en lettres dorées : F W R.

« Cet écusson a 33 centimètres de hauteur et 28 de large.

« Au milieu des quatre triangles formés par la disposition
« des quatre bandes blanches, se trouve une flamme dorée
« de 18 centimètres de haut.

« Le drapeau est fixé, par un de ses côtés, à une hampe
« en bois de chêne de 1m95, brisée à sa partie inférieure et
« sur laquelle on remarque à 34 centimètres de la cassure
« les traces d'un projectile (balle de fusil).

« La hampe est surmontée d'une lance en cuivre doré en
« forme de cœur, ayant au centre le monogramme F W R,
« surmonté de la couronne royale.

« Autour de la douille de la lance est enroulée et nouée
« une cravate eu soie noire de 4 centimètres de large bordée
« de deux liserés de couleurs jaune et blanche. Les bouts
« de longueur inégale, 47 centimètres et 68 centimètres,
« flottent librement, ils sont garnis sur chaque face de deux
« épées au clair, en cuivre doré posées obliquement en croix,
« la pointe en haut et ils sont terminés par un gland en
« argent et soie noire. A la partie inférieure de la hampe
« et à 3 centimètres au-dessous du premier clou fixant le dra-
« peau, se trouve une bague en cuivre de 4 centimètres 1/2
« de haut et portant, gravée en creux, cette inscription :

« 8 Pr J R N° 61 ı B

« De tout quoi nous avons dressé le présent procès-verbal
« qui a été signé par le général Sumpt, commandant l'hôtel,
« conservateur des trophées, et par nous.

« Fait à Paris, les jour, mois et an que dessus.

« Le général commandant l'hôtel,
« et conservateur des trophées,

« Signé: Sumpt.

« Le sous-intendant militaire de première classe,

« Signé : Termonia. »

Nous ne voulons point ôter à M. Dormoy l'honneur d'avoir
retrouvé au Musée d'artillerie, 18 ans après, un drapeau en
tous points semblable à celui du 61. Mais, il nous appartient,
au nom de l'histoire, de protester contre un pareil procès-
verbal. Il est regrettable qu'à l'Hôtel des Invalides on n'ap-
profondisse pas assez les faits avant de les transcrire sur
des registres qui sont des témoignages éclatants destinés
à la postérité.

Non, Victor Curtat ne faisait pas partie d'une section de
francs-tireurs commandés par M. Dormoy;

Curtat était chasseur du Mont-Blanc, et son chef était le
capitaine Tappaz.

Quant à l'officier de francs-tireurs Dormoy, il n'était pas
là, à la prise du drapeau.

Nous ne savons pas où M. le sous-intendant militaire a puisé ses renseignements, mais, si M. Dormoy eût été consulté, nous sommes persuadé qu'il se serait opposé à la transcription d'un récit aussi monstrueux (1).

Le Monument commémoratif des Batailles de Dijon

Le 8 février 1871, c'est-à-dire bien peu de temps après les batailles des 21, 22 et 23 janvier, le général Garibaldi était élu député de la Côte-d'Or par 40,220 voix.

Le souvenir de ses batailles devait être consacré à Dijon même par un monument que, dès 1872, on projeta d'élever sur la place Saint-Nicolas. Une cérémonie commémorative des combats livrés pour la la défense de Dijon fut célébrée avec tout l'éclat possible (2).

Des circonstances ont pu retarder la mise à exécution d'un projet si patriotique ; à l'heure actuelle, aucune difficulté ne semble plus devoir entraver l'exécution de l'œuvre.

De nos jours, alors que la tombe s'est fermée sur Garibaldi et sur les haines dont il fut l'objet, l'histoire impartiale peut, avec une équité sereine et tardive, accorder une place glorieuse à cette figure chevaleresque qui tranchait avec l'égoïsme politique des Bismarck.

---

(1) Dans sa brochure sur le *Drapeau* (Paris, Sauvaitre, éditeur), M. Dormoy, donne un éclatant démenti par son récit même, pages 242 et 243.

D'autre part, nous extrayons ce qui suit, d'une lettre écrite par M. Dormoy à un ancien officier : « Quoique très rapproché de l'usine ce que j'ai surtout vu, c'est un nuage de fumée blanche où s'entrecroisaient des milliers d'éclairs et dont les détonations se fondaient en un grondement de tonnerre aussi émouvant à entendre que le spectacle lui-même était beau à voir. »

(2) Voir les journaux locaux de l'époque et notamment les n°ˢ 16, 17 et 18 du *Progrès de la Côte-d'Or* (janvier 1872).

Ce n'est pas, après tout, Garibaldi seul qui sera glorifié ; ce sont les Français de naissance ou de cœur qui formaient la vaillante armée des Vosges.

Serons-nous enfin moins respectueux envers la mémoire des nôtres que les Prussiens eux-mêmes, qui ont élevé un monument funéraire sur l'emplacement où a succombé le 61ᵉ régiment poméranien ? Négligerons-nous, quand les vaincus sont célébrés, le nom des vainqueurs, parce que ces vainqueurs sont les nôtres ? Ne convient-il pas de dresser, en face de cette protestation pieuse de l'ennemi, une sorte de revanche nationale, légitimée d'ailleurs par la vérité historique ?

J. LEDEUIL-D'ENQUIN.

Nuits (Côte-d'Or), 3 Décembre 1890.

IMP. F. CARRÉ, DIJON